L'incroyable aventure de la génétique

Copyright © 2018 Éditions NATHAN / SEJER, Paris, France
All rights reserved.
No part of this book may be reproduced or transmitted in any form or by any means, electronic or mechanical,
including photocopying, recording, or by any information storage and retrieval system, without the written permission of the publisher.
KOREAN language edition © 2019 by Kidari Publishing Co.
KOREAN translation rights arranged with Éditions NATHAN / SEJER, through Pop Agency, Korea.

유전자로 배우는 생명의 신비

나는 어떻게 내가 됐을까?

글 빅토르 쿠타르

3년 동안 어린이들에게 미술을 가르치며 병원에서 일했으며, 프랑스와 이탈리아, 그리고 일본에서 유기농법과 영속 농업과 관련한 연구를 했습니다. 생물학 분야의 저자이자 저널리스트로, 프랑스의 다양한 출판사 및 잡지사와 일을 하고 있습니다. 2017년부터는 브레인 서비스라는 회사를 창립하여 음식이나 생물, 과학과 관련하여 꾸준히 연구를 하고 있습니다.

그림 푸야 압바시안

1983년 이란에서 태어나 2011년부터 프랑스 파리에서 활동하는 예술가입니다. 사진과 영상, 그림 및 미디어 서비스까지 다양한 예술 분야에서 작품을 만들고 있으며, 영화감독으로도 활동한 바 있습니다. 프랑스의 출판사와 함께 어린이 그림책을 출간했고, 다양한 협회, 갤러리, 단체에도 그림 전시를 하고 있습니다.

옮김 김성희

부산대학교 불어교육학과와 동 대학원을 졸업하고 전문 번역가로 활동 중입니다. 옮긴 책으로 《대단하고 유쾌한 과학 이야기》, 《우유의 역습》, 《철학자들의 식물도감》, 《부엌의 화학자》, 《인간의 유전자는 어떻게 진화하는가》, 《분류와 진화》, 《레옹과 환경 이야기》, 《레옹과 예절 이야기》, 《어린이 첫 직업백과》, 《그림으로 보는 사회백과》 등이 있습니다.

감수 파스퇴르 연구소

프랑스의 미생물학자 루이 파스퇴르가 프랑스 정부와 유럽의 지원을 받아 설립한 비영리 기관으로, 프랑스의 생명 공학 연구소입니다. 연구소의 설립 목적은 인류를 질병의 위협에서 구하는 것으로, 바이러스, 박테리아, 미생물, 곰팡이 등을 연구하며 백신 개발 및 질병 퇴치에 힘쓰고 있습니다. 유전 공학 연구에 힘써 파리 근교에 유전학과 관련한 센터를 설립했으며, 지금까지 8명의 노벨상 수상자를 배출하였습니다.

《나는 어떻게 내가 됐을까?》는 어린이들을 위해 파스퇴르 연구소와 협업으로 만든 책입니다. 파스퇴르 연구소에서 제공한 정보를 기준으로 만들었으며, 연구소의 감수를 받았습니다.

도움 주신 분

제르마노 체체레 : 파스퇴르 연구소 후성유전메커니즘 연구팀 책임 연구원
모니카 살라 : 파스퇴르 연구소 교육팀장

똑똑한 책꽂이 10
유전자로 배우는 생명의 신비
나는 어떻게 내가 됐을까?

1판 6쇄 발행 2025년 11월 1일 | 1판 1쇄 발행 2019년 4월 12일

글 빅토르 쿠타르 | 그림 푸야 압바시안 | 옮김 김성희 | 감수 파스퇴르 연구소
펴낸이 김상일 | 펴낸곳 도서출판 키다리
편집주간 위정은 | 편집 이신아 | 디자인 이기쁨 | 마케팅 윤재영, 김보미 | 관리 김영숙
출판등록 2004년 11월 3일 제406-2010-000095호
제조국 대한민국 | 사용연령 5세 이상
주소 경기도 파주시 심학산로 10 | 전화 031-955-9860 | 팩스 031-624-1601
이메일 kidaribook@naver.com | 홈페이지 www.kidaribook.kr
ISBN 979-11-5785-225-3 (77470)

- 이 책의 한국어판 저작권은 팝 에이전시(POP AGENCY)를 통해 저작권사의 독점 계약으로 키다리에 있습니다.
- 저작권법에 의해 한국 내에서 보호를 받는 저작물이므로 무단전재와 무단복제를 금합니다.
- 잘못된 책은 구매하신 곳에서 교환할 수 있습니다.

유전자로 배우는 생명의 신비

나는 어떻게 내가 됐을까?

빅토르 쿠타르 글 ◆ 푸야 압바시안 그림

김성희 옮김

파스퇴르 연구소 감수

킨디리

노엘과 레옹은 쌍둥이예요.
두 개의 물방울처럼 꼭 닮아서 누가 누군지 구분하기 힘들 정도예요.

노엘과 레옹은 악기를 잘 다뤄요.
노엘은 색소폰을 연주하고 레옹은 전기기타를 연주하죠.
둘이 함께 우주 최강 그룹 'X-X'로 활동하고 있어요!

안녕, 난 레옹이야.
나는 아주 활동적이야.
불꽃 같은 삶을 살고 있지. 오, 예!

노엘과 레옹은 음악 스타일이 달라요.

같은 곡을 연주해도 전혀 다른 곡처럼 들린답니다. 정확히 같은 음을 내는데도 말이에요.

악기가 다르기 때문이기도 하지만, 무엇보다도 성격이 달라서 그런 것 같아요.

안녕, 나는 노엘이라고 해.
나는 성격이 차분한 편이야.
색소폰도 손가락만 까딱거리면서 가만히 연주해.

노엘과 레옹은 음악할 때만 다른 게 아니라 보통 때도 많이 달라요.

레옹은 음식을 빨리 먹는데 노엘은 천천히 먹고, 레옹은 곧바로 행동하는데 노엘은 생각을 오래 해요.

레옹은 밖에 나가는 것을 좋아하는데, 노엘은 집에 가만히 있는 것을 좋아하죠.

노엘과 레옹은 이번에 새 앨범을 냈어요.
앨범 제목은 "우리는 왜 이렇게 다를까?"라고 붙였어요.
둘이서 늘 궁금하게 생각하던 질문을 제목으로 정한 거예요!
콘서트를 알리는 포스터도 곳곳에 붙였어요.

봉봉 교수님은 'X-X'의 열렬한 팬이에요.
그래서 새 앨범 제목을 듣자마자
쌍둥이 형제에게 바로 연락을 했어요.
둘의 궁금증을 풀어 줘야겠다고 생각한 거예요.

"똑같이 생긴 두 사람이 성격은 왜 그렇게 다른지 알고 싶나요?
내일 내 연구실로 오세요! 전부 다 설명해 줄게요.
아주 재미있을 거예요!"

다음날, 노엘과 레옹은 봉봉 교수님을 만났어요.

"나는 유전학자예요.
유전학은 우리가 가진 특징이 가족 사이에서
어떻게 전해지는지를 연구하는 과학이에요.
머리카락 색, 눈동자 색, 피부 색, 얼굴형이나
체격처럼 우리 한 사람, 한 사람이
다른 사람과 구별되는 특징들 말이에요."

이런 특징들은 부모님한테서 물려받아요.
절반은 엄마한테서, 또 절반은 아빠한테서 물려받죠.
그래서 우리가 엄마, 아빠를 닮게 되는 거예요.

이렇게 사람이 가진 특징이 부모에게서 자식으로 전해지는 것을 유전이라고 해요.
유전이란 것, 참 신기하죠?

"우리는 엄마, 아빠를 닮았어!"
"맞아! 파란색 머리카락은 아빠를 닮은 거야!"
"초록색 눈동자는 엄마를 닮은 거고!"

그럼 부모님이 가진 특징이 어떻게 우리한테 유전되는지 한번 알아볼까요?

모든 생물은 세포라고 불리는 아주 작은 블록으로 이루어져 있어요.
세포에는 핵이라는 방이 있고, 핵 안에는 X 모양을 한 염색체라는 것이 들어 있죠.
염색체에는 꼬인 실처럼 생긴 좀 특별한 물질이 있는데,
이 물질이 바로 DNA라는 거예요.

자, 여기까지 이해가 되나요?

우리 몸은 세포로 이루어져 있고……

DNA에는 우리 몸의 특징을 결정하는 정보가 담겨 있어요.
눈동자 색, 코의 모양, 손의 크기 같은 것을 정해 주지요.
DNA에 담긴 정보는 부모님이 우리한테 물려준 거랍니다.
우리도 아이를 낳게 되면 아이에게 우리의 DNA를 물려주게 돼요.

어떤 한 사람이 가진 DNA 전체를 게놈이라고 불러요.
게놈이라는 단어를 잘 기억해 두세요. 동물이든 식물이든, 모든 생물은 게놈을 가지고 있어요.
그러니까 게놈은 한 생물이 가진 유전 정보 전체를 뜻해요. 생물의 설계도인 셈이죠!
게놈은 사람마다 다 달라요. 쌍둥이만 빼고…….

일단, 일란성 쌍둥이는 게놈이 똑같아요!

노엘과 레옹

우리가 서로 꼭 닮은 이유는

똑같은 게놈을 가졌기 때문이군요.

맞아요! 우리는 엄마 몸 안에 있는 수정란이라는 세포에서부터 자라는데,
일란성 쌍둥이는 수정란이 둘로 나누어지면서 생겨요.

그래서 똑같은 게놈을 갖게 되는 거예요!

이란성 쌍둥이는 엄마 몸 안에서 같이 자라긴 하지만,
하나의 수정란에서 생겨 나지 않아요.
그래서 서로 다른 게놈을 갖게 된답니다.

우리처럼 똑같이 생긴 쌍둥이는

일란성 쌍둥이예요!

누가 누구인지 구분하기 힘들 만큼 닮았죠?

그런데 왜 우리는

성격이 전혀 다를까요?

게놈도 같고, 생긴 것도 같은데 말이에요.

게놈은 우리가 자라면서 갖게 되는 성격까지 정확하게 정해 주지는 않아요.
게놈은 오케스트라의 지휘자처럼 전체적인 지시만 내리거든요!

사실 우리의 성격은 우리가 살아가는 방식과 주변 환경에 더 크게 영향을 받아요.
사과나무 두 그루가 있다고 상상해 보세요.
한 그루는 햇볕이 잘 들고 물도 꼬박꼬박 주는 곳에서 자라고 있고,
또 한 그루는 그늘진 곳에서 차가운 바람을 맞으면서 자라고 있어요.
이때 첫 번째 나무는 맛있는 사과가 열릴 가능성이 크지만, 두 번째 나무는 그렇지 않겠지요.
쌍둥이도 마찬가지예요.
생긴 것은 꼭 닮았지만, 말하고 생각하는 방식까지 똑같을 수는 없어요.

아, 무슨 말인지 알겠어요!

살아가는 방식과 환경이
게놈에 영향을 준다는 뜻이군요!

우리가 성격이 다른 이유는
우리 게놈에 들어 있는 정보에

주변 환경으로부터 받은 영향이 더해지기 때문이고요.

맞아요! 선천적인 것에 후천적인 것이 더해진다고 표현해요.
선천적인 것은 눈동자 색처럼 우리가 태어날 때부터 가지고 있는 것을 말해요.
후천적인 것은 악기 연주처럼 살면서 배우게 되는 것을 말하고요.

우리가 살아갈 때 후천적인 것은 선천적인 것에 영향을 주게 돼요.

운동을 하는지, 컴퓨터 게임을 하는지, 금방 화를 내는지, 가만히 참는지, 사탕을 먹는지, 채소를 먹는지……. 매일 하는 아주 사소한 행동들까지 모두 게놈에 영향을 미친답니다. 굉장하죠!

꿀벌을 예로 들어 볼게요.
꿀벌은 모두 같은 게놈을 가지고 태어나요.
그런데 한 벌집에 사는 벌들 중에서 딱 한 마리만 여왕벌이 되고,
나머지는 모두 일벌이 되지요.

여왕벌은 다른 벌들보다 몸집이 훨씬 크고, 살기도 훨씬 오래 살아요!
여왕벌이 될 벌은 로열 젤리라는 먹이를 먹고 자라요.
로열 젤리는 일벌들이 만들어 내는 아주 특별한 꿀이에요.
그러니까 어떤 벌이 여왕벌이 되는 것은 순전히 로열 젤리 덕분이죠.
무엇을 먹는지에 따라 이렇게 큰 차이가 생기는 거예요. 정말 놀랍죠!

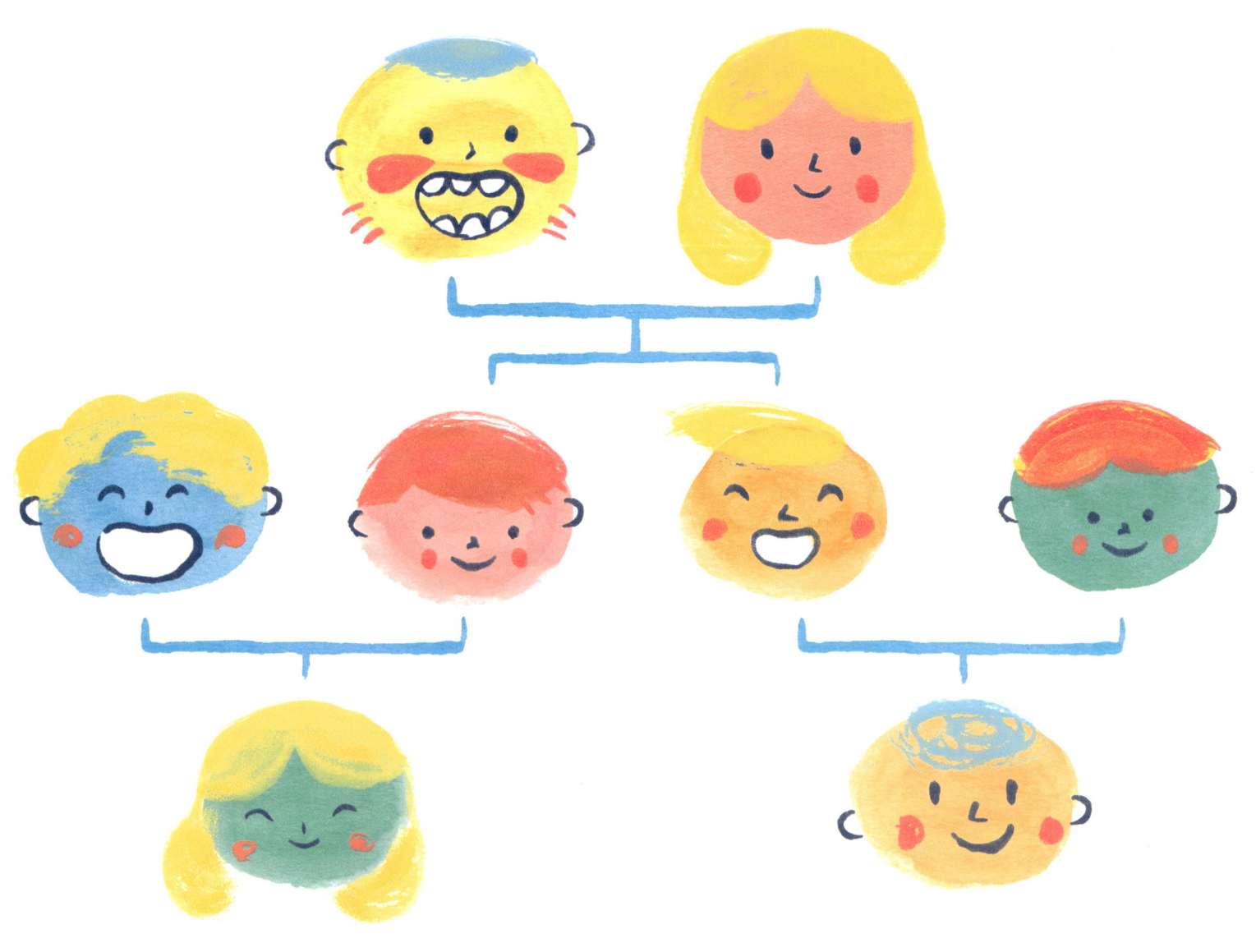

게놈에 대한 궁금증은 아직 완전히 풀리지 않았어요.
게놈에 담긴 비밀을 알아내는 것이 바로 유전학이 하는 일이랍니다.

유전학은 생명의 신비를
밝히는 과학이에요!

파스퇴르 연구소에서는 1887년부터 세계 각국의 과학자들이 모여 함께 연구를 해 왔어요.
1965년에는 자크 모노, 프랑수아 자코브, 앙드레 르보프가 유전학 연구로
'과학계의 월드컵'이라고 불리는 노벨상도 받았어요.

파스퇴르 연구소

파스퇴르 연구소에서는 지금도 많은 과학자가 유전학을 연구하고 있어요.
생쥐의 게놈을 연구하는 과학자도 있고, 파리나 바이러스, 작은 물고기의 게놈을 연구하는 과학자도 있죠.
이 책에 등장하는 봉봉 교수님의 모델이 된 제르마노 박사님은 예쁜 벌레를 연구하는 중이에요.

제르마노 박사님의 연구실

박사님이 연구하는 벌레의 이름은 예쁜꼬마선충이에요.
몸이 투명해서 연구하기가 매우 편리하답니다.
현미경과 약간의 색소만 있으면 이 꼬마 친구를 아프게 하지 않고도
게놈에서 일어나는 일들을 관찰할 수 있어요.

예쁜꼬마선충

예쁜꼬마선충들은 일란성 쌍둥이와 같아요. 모두 똑같은 게놈을 가지고 태어나거든요.

그런데 제르마노 박사님의 연구실에서 아주 놀라운 사실이 확인되었어요.
예쁜꼬마선충들이 똑같은 게놈을 가지고 태어나 똑같은 환경에서 똑같이 생활을 했는데도
모습이 서로 달라졌기 때문이에요!
지금 파스퇴르 연구소에서는 그 이유를 알아내려는 연구가 이루어지고 있어요.

이처럼 과학의 세계에는 놀라운 일이 가득하답니다!

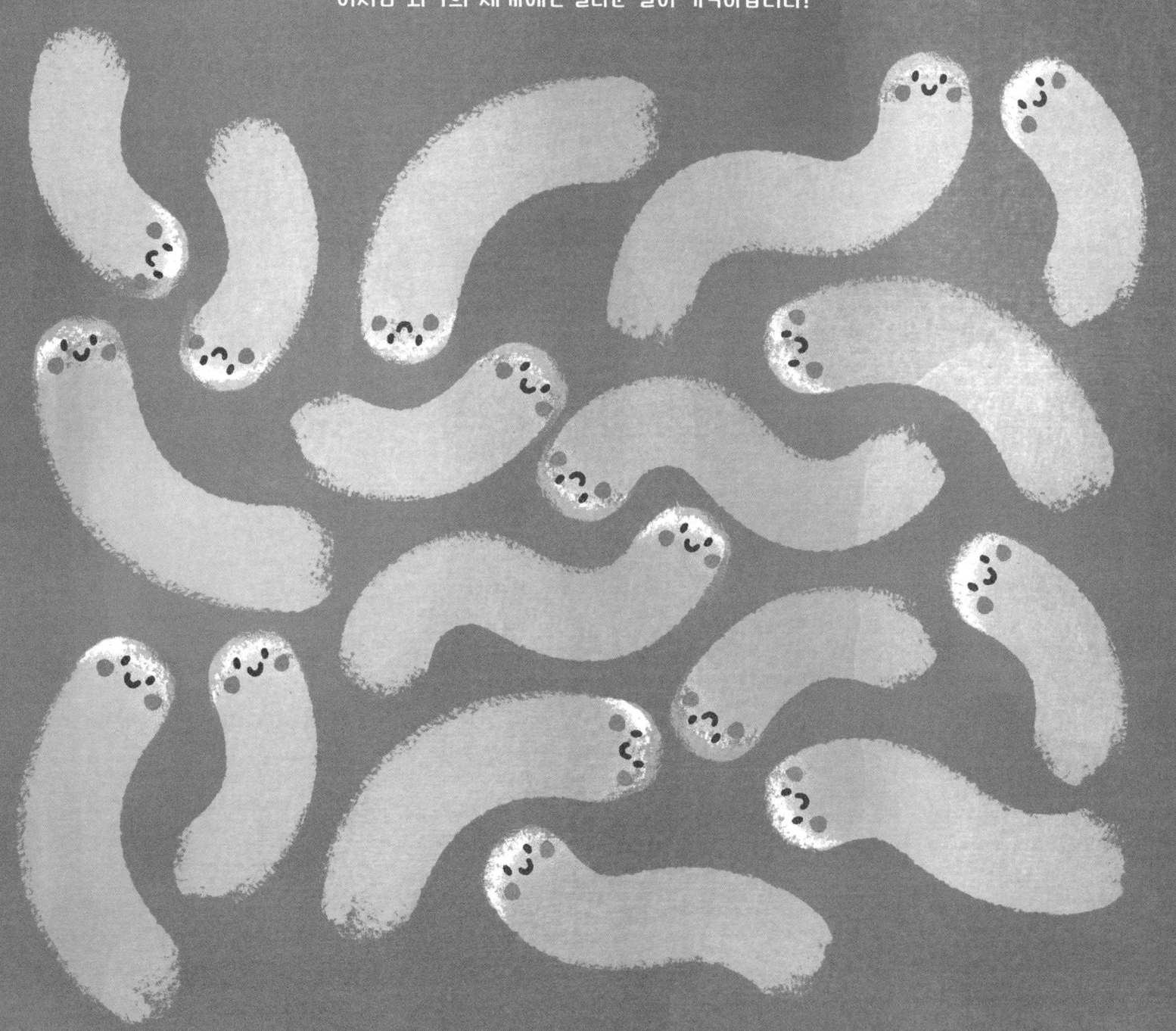